Dieses Arbeitsbuch gehört:

Burn.on!
Arbeitsbuch zur Lebens- und Arbeitsbalance

Burn.on!
Arbeitsbuch zur Lebens- und Arbeitsbalance

Frank Stöckler
Kurt Thünemann

Sprache männliche und weibliche Form
Aus Gründen der vereinfachten Lesbarkeit wird lediglich
die männliche Form verwendet, es sind jedoch ausdrücklich
alle Geschlechter gleichermaßen angesprochen.

©2017, dritte überarbeitete Auflage
win2win-gGmbH
Gesellschaft für Prävention
Ellenbogen 23
D-26135 Oldenburg
www.win2win-gGmbH.de
Tel. 0441 - 21 70 63 13
Fax 0441 - 21 70 63 14
info@win2win-ggmbH.de

Geschäftsführung
Frank Stöckler
Mobil 0151 - 25356339
stoeckler@win2win-ggmbh.de

Kurt Thünemann
Mobil 0170 - 55 82 102
thuenemann@win2win-ggmbh.de

Sekretariat
Anja Kahlen
kahlen@win2win-ggmbh.de

Alle Rechte vorbehalten.
Nachdruck, auch auszugsweise,
nur mit Genehmigung des Verlags.

© Coverfoto	Christian Sonnhoff
Design und Gestaltung	Christian Sonnhoff
Gesamtherstellung	Reálszisztéma Dabas Druckerei GAG (Ungarn)
Auflage	2000 Exemplare

„Heute schon was erreicht?",
                                                      fragt der Verstand.

„Heute schon gelebt?",
                                                       fragt das Herz.

Lebens- und Arbeitsbalance · Das Burn.on!-Seminar

Ein Wort zuvor

Kurt Thünemann   Frank Stöckler

Wir freuen uns mit Ihnen, dieses Burn.on!-Seminar durchführen zu dürfen!

Im Spannungsfeld von Berufs- und Privatleben entstehen häufig Überlastungs- und Überforderungssituationen, die an Grenzen führen. Mit Burn.on! wollen wir bewusst den Blick auf Ressourcen lenken, die uns Kraft- und Handlungskompetenz vermitteln.

Die Balance in der Lebens- und Arbeitswelt liegt in der persönlichen Verantwortung jedes Einzelnen. Überforderungen, die Ihre Ursachen in der Arbeitswelt haben, sind durch Präventionskonzepte und das richtige Führungsverhalten vermeidbar. Hier ist Burn.on! aus unserer Sicht „Chefsache". Führungskräfte können lenken, gestalten und Neues schaffen. Sie haben oft eine Vorbildfunktion. Führungskräfte können entscheidend die Arbeitssituation verbessern und Mitarbeiter im positiven Sinn beeinflussen. Schaffen Sie Wertschöpfung durch Wertschätzung, und setzen Sie auf „Burn.on!-Leadership". „Burn.on!-Leadership" konzentriert sich auf die Vermittlung erforderlicher Kompetenzen, Gestaltungsfreiheiten und von Sinnhaftigkeit des unternehmerischen Handelns.

Überforderung, Erschöpfung, das Gefühl vom „Ausgebrannt-Sein" können ihre Ursache in fehlender persönlicher Orientierung oder einem Mangel an Stressbewältigungsmechanismen haben. Finden Sie Ihre Balance durch eine Analyse der individuellen Arbeits- und Lebensbedingungen. Vermeiden Sie Strukturen und Verhaltensmuster, die in Richtung Burn-out-Symtomatik gehen. Übernehmen Sie die Verantwortung für Ihre Lebensführung. Setzen Sie bewusst und achtsam Ihre mentalen, körperlichen und emotionalen Ressourcen ein. Entdecken Sie Ihre Energiereserven und verschaffen Sie sich die Selbstwirksamkeit, um Ihre Ziele fantasievoll und auf einem positiven Weg zu erreichen.

Das Leben ist geprägt durch ständigen Wandel und Veränderungsprozesse. Es verlangt von uns immer wieder neue und kreative Problemlösungen und Anpassungsprozesse. Konzentrieren Sie sich dabei auf das, was wirklich wichtig ist. Bleiben Sie langfristig munter, erfolgreich und gesund.

In diesem Sinne: Burn.on!
Herzliche Grüße

Frank Stöckler   Kurt Thünemann

Lebens- und Arbeitsbalance · Das Burn.on!-Seminar

Inhalt

Lebens-Arbeits-Balance	**15**
Mythos Balance	16
Vier Ebenen der Balance	18
Ebenen der Balance – Übung	19
Burn.on! Leadership	**21**
Checkliste zur Lebens- und Arbeitsbalance	22
Burn.on!-Modell (Führung)	23
Burn.on!-Modell (Mitarbeiter)	24
Burn.on! und Flow-Management	27
Flow-Konzept	28
Wege aus dem Burn-out	**31**
Burn-out-Spirale	32
Gefangen in der Burn-out-Spirale?	33
Alpha-Faktoren für Burn-out	34
Salutogenese – Alphafaktoren für die Gesundheit	35
Stress ade!	36
Tue Gutes…	38
Erkenne Dich selbst	**41**
Kenne Dich selbst	42
Ich-Management	44
99 Tipps zum Wohlbefinden (Poster)	**48**
Burn.on!-Score	50
Übung 3-30-3	50
Erwartungsmanagement – Übung	51

Psychologie der Veränderung	**53**
Verhaltensmuster (A+B=C)	54
Veränderungsszenario	55
Vom Denken, Fühlen und Handeln ...	57
Sieben Säulen der Resilienz	62
Arbeits- und Zeitmanagement	**65**
Selbstzeit, Eigenzeit und Fremdzeit	67
Zeitdiebe	68
Energievampire	70
Selbstorganisation	72
5-S-Methode	73
SMART-Prinzip	73
Arbeitsorganisation und Zeitmanagement	74
Eisenhower-Prinzip	76
ABC	77
Pareto-Prinzip	78
To-do-Liste	79
Erste Hilfe	**81**
Mnsch ntspnn Dch!	82
Meine ganz persönliche Burn.on! Idee ...	83
Rhabango – Glück auf Rezept	84
win2win Arbeitsfelder	**86**
Verlagsprogramm	**92**

Lebens- und Arbeitsbalance · Das Burn.on!-Seminar

*„Gib jedem Tag die Chance,
der schönste in Deinem Leben zu sein!"* Mark Twain

*„Die Menschen sehen nur das,
was sie alles haben und bekommen könnten,
schätzen aber nicht das, was sie haben,
bis sie es verlieren."* Jimi Hendrix

*„Komm her, mein neuer Tag, ich werde aus Dir
ein Kunstwerk machen!"* Frank Stöckler

Lebens-Arbeits-Balance

Der erste Teil des Arbeitsbuches entzaubert den Mythos der perfekten und stetigen Balance. Die Analyse zu den vier Ebenen der Balance hilft bei der Einschätzung der persönlichen Lebenssituation. Prioritäten für die individuelle Lebensführung können neu definiert und in Handlungsempfehlungen umgesetzt werden.

Mythos Balance	16
Vier Ebenen der Balance	18
Ebenen der Balance – Übung	19

Mythos Balance

Es wird Sie sicher beruhigen: Balance auf allen Ebenen zu einem Zeitpunkt ist kaum erreichbar. Jeder einzelne Bereich kann uns so fordern, dass wir andere Bereiche auf bestimmte oder unbestimmte Zeit vernachlässigen. Haben sich die Prioritäten allerdings wieder geändert, sollten wir dafür sorgen, dass wir einen Ausgleich schaffen, um in der Gesamtheit und auf lange Sicht eine gute Balancierung zu finden.

Notizen

Vier Ebenen der Balance

Bewegung · Ernährung · Entspannung
Gesundheit

Sinn
Werte
Erfüllung
Philosophie
Zukunft
Religion
Spiritualität

Work Life Balance

Beruf
Wertschätzung
Kompetenz
Karriere
Freiheiten
Beteiligung
Nähe/Distanz
Entwicklung

Beziehung
Zugehörigkeit · Soziale Kontakte · Vertrauen · Nähe · Intimität

Ebenen der Balance – Übung

✔ *Wie sieht Ihre persönliche Balance aus?*

✔ *Welcher Bereich fordert Sie gerade besonders heraus?*

✔ *Welcher Bereich braucht wieder mehr Aufmerksamkeit?*

„Wertschöpfung durch Wertschätzung." Jürgen Fuchs

*„Ich wollte eigentlich nur zwei Hände
und bekam den ganzen Menschen."* Henry Ford

*„Wer an das Gute im Menschen glaubt,
bewirkt das Gute im Menschen."* Jean Paul

*„Ohne ethische Kultur
gibt es keine Rettung für die Menschheit."* Albert Einstein

Burn.on!-Leadership

Burn.on! in der Arbeitswelt bietet einen Check-up für Unternehmen und trägt zu einem innovativen Führungsverständnis bei. Orientiert am Ressourcen- und Flowmodell wird die Eigenverantwortlichkeit durch einen konkreten Aktionsplan unterstützt.

Checkliste zur Lebens- und Arbeitsbalance	22
Burn.on!-Modell (Führung)	23
Burn.on!-Modell (Mitarbeiter)	24
Burn.on! und Flow-Management	27
Flow-Konzept	28

Checkliste zur Lebens- und Arbeitsbalance

	Ja	Nein
✔ Mitarbeiter werden im hohen Maße an Entscheidungen beteiligt	🟩	🟥
✔ Mitarbeiter haben einen eigenen Entscheidungs- und Kontrollbereich	🟩	🟥
✔ Mitarbeiter erhalten ausreichende Anerkennung und Belohnung	🟩	🟥
✔ Mitarbeiter fühlen sich sozial gerecht behandelt	🟩	🟥
✔ Wir haben eine mitarbeiternahe und -fördernde Führungskultur	🟩	🟥
✔ Mitarbeiter fühlen sich ausreichend qualifiziert und geschult	🟩	🟥
✔ Die Arbeitsbelastung ist nur temporär zu hoch	🟩	🟥
✔ Mitarbeiter müssen nicht immer erreichbar sein	🟩	🟥
✔ Unsere Fluktuation und unser Krankenstand sind akzeptabel	🟩	🟥
✔ Wir bieten Mitarbeitern Coaching/Supervision an	🟩	🟥
✔ Wir gehen miteinander respektvoll und fair um	🟩	🟥
✔ Wir haben klare Werte, zu denen wir gemeinsam stehen	🟩	🟥
✔ Wir sind uns alle bewusst, dass wir eine sinnvolle Tätigkeit ausüben	🟩	🟥
✔ Wir verfügen über Anti-Stress-Programme	🟩	🟥

Prüfen Sie die Anzahl der Nein-Antworten.
Gibt es Ihrer Meinung nach in diesen Feldern Handlungsbedarf?

Burn.on!-Modell (Führung)

Burn.on ist Chefsache! Gute Führungskräfte wissen: Sie haben einen entscheidenden Einfluss auf das Verhalten von Mitarbeitern. In Anlehnung an die drei Gesetze der Salutogenese heißt Burn.on! Leadership: Kompetente Mitarbeiter sind vor Überforderung geschützt. Durch Partizipation wird die Gestaltungsfreiheit und damit die Leistungsfähigkeit von Mitarbeitern erhöht. Wichtigste und unverzichtbare Aufgabe der Führungskraft ist es, Sinnhaftigkeit des Handelns zu vermitteln.

Elemente von Burn.on!-Leadership:

win-win Situationen schaffen
Anforderungen stellen
Kreativität fördern
Partizipation ermöglichen
Kompetenzen erweitern
Beziehung ausbauen
Sinnhaftigkeit herstellen
Wertschöpfung durch Wertschätzung

Lebens- und Arbeitsbalance · Das Burn.on!-Seminar

Burn.on!-Modell (Mitarbeiter)

✔ *Diese **Kompetenzen** nehme ich hinzu ...*

✔ *So erhöhe ich meine **Gestaltungsmöglichkeiten** ...*

✔ *Aus diesen Gründen macht meine Arbeit **Sinn** ...*

✔ *So verbessere ich meine **Arbeitsorganisation** ...*

✔ *So kann ich mein **Zeitmanagement** verbessern ...*

✔ *Das kann ich für meine **Entspannung** tun ...*

✔ *So werde ich meine **Ernährung** verbessern ...*

✔ *Ich schenke meinem Körper die für ihn wichtige **Bewegung** ...*

✔ *Das werde ich heute **Gutes** für mich tun ...*

Notizen

Notizen

„Let it flow, let it flow, let it flow … "

Burn.on! und Flow-Management

Als Flow bezeichnet man das Zusammenwirken vorhandener Kompetenz, dem Wollen zur Tätigkeit in Kombination mit einer völligen Vertiefung und dem Aufgehen in dieser Tätigkeit. In diesem Schaffens- bzw. Tätigkeitsrausch vergeht die Zeit wie im Fluge.

Aktivieren Sie die Flow-Faktoren

- ✔ *Deutliche Ziele*
- ✔ *Kompetenz vorhanden*
- ✔ *Tätigkeit macht Sinn*
- ✔ *Freude am Tun*
- ✔ *Unmittelbare positive Rückmeldung*
- ✔ *Gefühl der Kontrolle/Mitgestaltung*
- ✔ *Der Arbeit gewachsen sein*
- ✔ *Konzentriertes Tun*
- ✔ *Zeit vergeht „wie im Flug"*

nach Dr. Eckart von Hirschhausen

Flow-Konzept

Das Flow-Konzept von Mihály Csíkszentmihályi bezeichnet einen Zustand, in dem eine optimale Balance zwischen Anforderungen und Fähigkeiten besteht. Im „Tätig-Sein" entsteht ein angenehmes Gefühl aus „Gefordert-Sein" und „Schaffenskraft". Der Flow basiert auf einem kreativen Gefühl, das das Individuum in eine angenehme Realität versetzt. Flow-Aktivitäten ermöglichen ein Wachstum des Selbst und steigern die Leistungsbereitschaft sowie die Innovationsfähigkeit. Die Tätigkeit an sich erfüllt den Menschen, er vergisst alles um sich herum und geht vollkommen in ihr auf.

Notizen

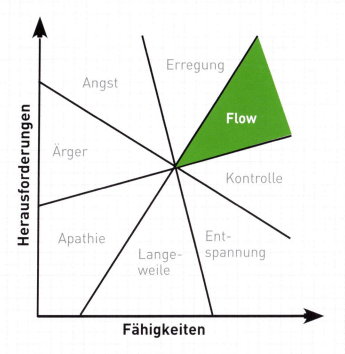

Flow-Konzept nach Csíkszentmihályi

Die Abbildung stellt die Herausforderung, die eine Person empfindet, in Bezug zu den Fähigkeiten, über die sie verfügt, dar. Interessant ist, dass sowohl die Überforderung als auch die Unterforderung (Langeweile) Stress auslösen können. „Flow" braucht die Herausforderung. Der Flow-Zustand tritt ein, wenn die Herausforderungen überdurchschnittlich sind und ebenso die Fähigkeiten.

„Ihr Burn-out ist nicht das Problem,
er ist die Lösung." *Roland Kopp-Wichmann*

„Es ist besser auszubrennen als zu verblassen." *Kurt Cobain*

„Ein Burn-out muss man sich hart erarbeiten." *Frank Stöckler*

Wege aus dem Burn-out

Die Entstehung von Burn-out wird am Modell der Burn-out-Spirale deutlich. Sie beschreibt einzelne Phasen und auftretende Symptome. Sie dient der Erklärung und kann für die persönliche Orientierung oder für das Verständnis anderer hilfreich sein. Sie ersetzt aber keine Diagnose!

Die Prävention wird durch einen kritischen Blick auf die Alphafaktoren des Burn-out und die drei Gesetze der Salutogenese unterstützt. Das Wissen über Stress kann uns entlasten. Di-Stress ist anstrengend. Eu-Stress kann unsere Leistung und unser Resultat steigern.

Tue Gutes… ist die Einladung zur körperlichen Aktivität. Wir haben dazu zwei Körperübungen für die innere und äußere Balance ausgewählt.

Burn-out-Spirale	32
Gefangen in der Burn-out-Spirale?	33
Alpha-Faktoren für Burn-out	34
Salutogenese – Alphafaktoren für die Gesundheit	35
Stress ade!	36
Tue Gutes…	38

Burn-out-Spirale

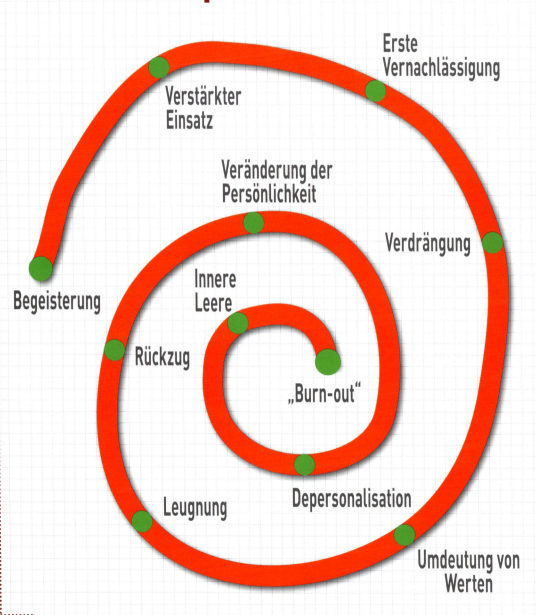

Gefangen in der Burn-out-Spirale?

Burn-out ist eine emotionale, körperliche und soziale Erschöpfung, die über einen längeren Zeitraum entstanden ist und andauert. Überforderungssituationen werden von unterschiedlichen Menschen jedoch unterschiedlich bewertet. Daher ist ein Burn-out immer vor dem Hintergrund der individuellen Lebens- und Arbeitssituation zu betrachten. Voraussetzung für das Entstehen von Burn-out sind zwei Faktoren:

1. Andauernde und erhöhte Belastungen im Berufs- und/oder im Privatleben mit dem gleichzeitigem Abbau der Ressourcen,
2. Das subjektive Empfinden einer nicht zu kontrollierenden Überforderung, mangelndes Vermögen zum Aufbau von Ressourcen bzw. starke Vernachlässigung des Ressourcenaufbaus.

In Anlehnung an Herbert Freudenberg, der die Burn-out Spirale zum ersten Mal idealtypisch dargestellt hat, unterscheiden wir **elf Phasen:**

Begeisterung	Hohe Anforderungen an sich selbst, Freude an der Leistung, Streben nach Anerkennung, starkes Engagement, Selbstüberschätzung.
Verstärkter Einsatz	Zwang, sich zu beweisen, erste Erschöpfungssyndrome werden vernachlässigt oder kompensiert, Misserfolge sollen durch mehr Leistung erreicht werden, Motivationsseminare und Seminare zum Zeitmanagement und zur Arbeitsorganisation.
Erste Vernachlässigung	Misserfolge fordern mehr Engagement und Zeit ein, Vernachlässigung eigener Bedürfnisse, mangelnde Regeneration, kaum freie Zeit.
Verdrängung	Verdrängung von Konflikten, Bedürfnissen, andere unwichtig, Kräfteschwinden, sichtbare Erfolge bleiben aus. Es besteht die Gefahr, dass Betroffene in eine sich immer schneller drehende Abwärtsspirale geraten, körperliche Beschwerden werden ignoriert.
Umdeutung von Werten	Nur beruflicher Erfolg zählt, Familie, Freunde nicht wichtig, Lebensprioritäten sind auf Beruf ausgerichtet.
Leugnung	Verstärkte Leugnung von Problem, heftige Widerstände gegenüber Veränderung, Sinken der Arbeitsleistung wird ignoriert, Kreativität schwindet.
Rückzug	Rückzug von Familie, Freunden und Kollegen, keine Neugierde mehr, es fehlt die Freude, arbeitsfreie Zeit dient nur noch der „Erholung".
Veränderung der Persönlichkeit	Deutliche Veränderung im Verhalten, Idealismus geht verloren, Zynismus, Frustration, Demotivation, Reizbarkeit, Aggressivität, Launenhaftigkeit, Intoleranz, Schlaflosigkeit, körperliche Beeinträchtigungen.
Depersonalisation	Fehlendes Gefühl für die eigene Persönlichkeit, die Seele erstarrt, Widerwillen gegen sich selbst, innere Leere, Sinnlosigkeit.
Innere Leere	Innere Leere, Verlust der Gefühle bzw. der normalen Fähigkeiten, Freude oder Traurigkeit (und natürlich jegliche andere Gefühle) zu spüren oder angemessen zu zeigen, Zweifel an Gefühlen, die zuvor selbstverständlich waren.
Burn-out	Völlige emotionale, physische und psychische Erschöpfung, Sinnlosigkeit, negative Einstellung zum Leben.

Alpha-Faktoren für Burn-out

Burn-out ist eine emotionale, körperliche und soziale Erschöpfung, die über einen längeren Zeitraum entstanden ist und andauert. Der Begriff des Burn-out wurde in den 1970er Jahren von dem deutsch-amerikanischen Psychoanalytiker Herbert J. Freudenberger geprägt. Der Burn-out ist nur das Ende eines sich über einen langen Zeitraum erstreckenden Entwicklungsprozesses.

Überforderungssituationen werden von unterschiedlichen Menschen unterschiedlich bewertet. Daher ist ein Burn-out immer vor dem Hintergrund der individuellen Lebens- und Arbeitssituation zu betrachten. Voraussetzung für das Entstehen von Burn-out sind im wesentlichen zwei Faktoren:

1. Andauernde und erhöhte Belastungen im Berufs- und/oder im Privatleben mit dem gleichzeitigem Abbau der Ressourcen.

2. Das subjektive Empfinden einer nicht zu kontrollierenden Überforderung, mangelndes Vermögen zum Aufbau von Ressourcen bzw. starke Vernachlässigung des Ressourcenaufbaus.

Notizen

Salutogenese – Alpha-Faktoren für die Gesundheit

Konzentrieren wir uns auf Faktoren und die dynamischen Wechselwirkungen, die zur Entstehung (Genese) und Erhaltung von Gesundheit führen. Der Medizinsoziologe Aaron Antonovsky (1923 – 1994) prägte den Begriff der Salutogenese als komplementären Begriff zur Pathogenese. Nach dem Salutogenese-Modell unterstützen trotz unterschiedlicher Wahrnehmung und intrapsychischer Veränderungsprozesse folgende Faktoren die mentale, körperliche und psychische Gesundheit:

- ✔ Handhabbarkeit (sense of manageability)
- ✔ Verstehbarkeit (sense of comprehensibility)
- ✔ Sinnhaftigkeit (sense of meaningfulness)

Wesentliche Schutzfaktoren vor Überforderung sind demnach eine solide Handlungskompetenz und die Möglichkeit zu Partizipation und Einflussnahme. Von der Ohmacht zur Mitgestaltung, um verstehen und einverstanden sein zu können. Die Sinnhaftigkeit des Handelns oder Geschehens ist eine weitere Säule für die Salutogenese.

Kompetenz

Macht

Sinn

Stress ade!

Zeiten großer psychischer und emotionaler Anstrengungen müssen nicht zwangsläufig zur totalen Erschöpfung führen. Eine professionelle und gezielte Prophylaxe kann das „Ausbrennen" verhindern.

Entscheidend ist, ob es gelingt, notwendige Erholungsphasen zu erkennen. Halten sich die Zeiten der Überforderung mit Zeiten der Entspannung langfristig die Waage, werden Stresssituationen besser gemeistert und nachhaltiger Schaden verhindert.

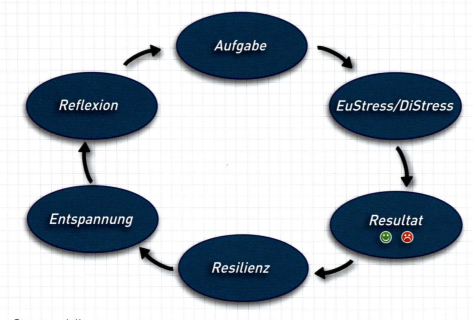

Stressmodell

Das Schaubild beschreibt das klassische Stressmodell. Stress gehört zum Leben dazu und ist per se nichts Schlechtes. Der Mensch braucht Herausforderungen, weil Stressreaktionen Leistungsreserven aktivieren können. Stress kann uns demnach gesund erhalten oder auch unsere Gesundheit schädigen.

Heute unterscheiden wir zwei Arten von Stresssystemen. Im klassischen und durch die Evolution geprägten Stresssystem erfolgt die Aktivierung in Bezug auf eine konkrete Aufgabe. Springt das klassische Stresssystem an, steigt das Stressgen Cortisol, und der Botenstoff Adrenalin aktiviert die Atmung, das Herz und den Kreislauf. Zusätzlich wird im Hirnstamm der Botenstoff Noradrenalin freigesetzt und das Gehirn mit einer Extraportion Glukose versorgt. Mit dieser Einstellung sind wir bestens auf den „guten alten Stress" vorbereitet. Er ist in der Regel klar definiert, zeitlich begrenzt und zum großen Teil beherrschbar. Die Aufgabe wird physisch und mental gelöst und das **Stresssystem** fährt wieder runter.

Im neu entdeckten **„Unruhe-Stresssystem"** liegt keine konkrete Aufgabe vor. Es geht darum, ein diffuses Umfeld zu kontrollieren. Es kann jederzeit etwas passieren, und es ist nicht klar was. Gerade in der modernen Arbeitswelt beanspruchen viele Arbeitsplätze durch mangelnde Transparenz, Zeit- und Veränderungsdruck sowie durch „Multitasking" dieses Stressmodell. Die fatalen Folgen: Die Unbeherrschbarkeit und der Mangel an sichtbaren Erfolgen führt zu Dauerstress, und die „allostatische Last" wird nicht mehr runter reguliert.

Im gesunden Stress-Kreislauf passen die Aufgaben und die damit verbundenen Ziele zu den Kompetenzen des Mitarbeiters. Bei der Lösung im Eu-Stress-Modus werden die Flow-Faktoren aktiviert. Werden Ziele nicht im vollen Umfang erreicht, ermöglicht das „Schutzschild der Resilienz" die notwendige Entspannung und damit die Voraussetzung zum Abbau von Stresshormonen. Die folgende tiefgreifende Reflektion führt zur realistischen Einschätzung von Aufgaben und zu neuen Lösungen. Klare und realistische Aufgaben und Ziele, Beteiligung und Befähigung von Mitarbeitern sowie die Vermittlung sinnhaften Handelns sind Grundlage für eine professionelle und gezielte Prophylaxe und können somit das „Ausbrennen" verhindern.

Tue Gutes für Deinen Körper

Die Ausführung der Leonardoübung (Prasarita Bhujasana) erfolgt im Stehen. Sie stärkt Arm- und Schultermuskulatur und löst Verspannungen in Nacken, Schultern und Armen. Das Gefühl für die Ausrichtung in einem Raum wird geschult und das Selbstwertgefühl gestärkt.

Durchführung:
- ✔ *Stelle Dich in einen aufrechten Stand mit gespreizten Beinen. Die Fußspitzen und Knie zeigen nach vorne, und das Becken ist leicht eingerollt, damit kein Hohlkreuz entsteht. Spanne Deine Beine gleichmäßig an.*
- ✔ *Strecke Deine Arme mit der Einatmung auf Schulterhöhe nach außen. Deine Handflächen zeigen zum Boden. Löse dabei Deine Schultern.*
- ✔ *Ziehe in der Vorstellung Deine Hände leicht nach außen.*
- ✔ *Deine Atmung fließt weiter. Du kannst so einige Minuten verharren und die Aufmerksamkeit immer wieder in die Kraft der Beine geben.*

Notizen

Tue Gutes für Deine Balance

Die Baumübung (Vrikasana) schult die Konzentrationsfähigkeit und den Gleichgewichtssinn. Es wird das körperliche, emotionale und geistige Gleichgewicht stabilisiert, zudem wird die Beinmuskulatur gekräftigt.

Durchführung:
- ✔ *Richte Dich auf und stelle Deine Füße zusammen, so dass sie gleichmäßig Kontakt zum Boden haben. Dabei sind Deine Knie nach vorne ausgerichtet. Löse Deine Schultern und strecke Deinen Oberkörper und Nacken.*
- ✔ *Verlagere Dein Gewicht auf einen Fuß. Dein Standbein ist gestreckt und findet das Gleichgewicht.*
- ✔ *Hebe nun Deinen anderen Fuß und stelle ihn entweder an die Innenseite der Wade oder an den Oberschenkel des Standbeins.*
- ✔ *Das Standbein gibt Druck gegen den Fuß, so entsteht Stabilität.*
- ✔ *Es ist gut, einen Punkt vor sich mit den Augen zu fixieren. Nun bring Deine Arme mit der Einatmung nach oben, so dass sich Deine Handflächen berühren.*
- ✔ *Verbleibe so einige Zeit und wechsel dann das Standbein.*

Wenn es nicht sofort gelingt, bleibe „standhaft". Entspanne Dich und versuche es erneut.

Notizen

„Erkenne Dich selbst!" Inschrift im Tempel des Apoll in Delphi

„Ich denke, also bin ich." René Descartes

*„Wer andere kennt, ist klug,
wer sich selbst kennt, ist weise."* Sun Tzu

Erkenne Dich selbst

Selbsterkenntnis ist eine wichtige Voraussetzung für persönliche Lebensgestaltung. Den eigenen Ursprung und Weg zu kennen, ist von großer Bedeutung. Der bewusste Blick auf Vergangenheit und Zukunft, die Reflexion bisherigen Handelns und die realistische Bewertung der vielfältigen Erwartungen kann neue Realitäten schaffen im Umgang mit mir selbst, im Umgang mit Menschen am Arbeitsplatz und im Privatleben. Selbstführung erfordert Selbsterkenntnis, Disziplin und schafft Raum für individuelle Freiheit. Die Übung 3-30-3 fordert das sofortige Handeln ein.

Kenne Dich selbst	42
Ich-Management	44
Burn-on-Score	50
Übung 3-30-3	50
Erwartungsmanagement – Übung	51

Kenne Dich selbst!

Notizen

Ich-Management

*„Lerne erst, Dich selbst zu führen,
dann führe andere zum Erfolg!"* nach Peter F. Drucker

Experiment

Denken Sie öfter an etwas, was Ihnen Freude bereitet. Nehmen Sie die Gefühle mit Achtsamkeit wahr. Achten Sie im Alltag auf Ihre Sprache. Vermeinden Sie Ausdrücke wie „muss", „soll", „ich brauche", „mir fehlt", „hätte", „könnte". Verwenden Sie Affirmationen, die geeignet sind, positive Denkmuster zu schaffen, um die gewünschte Veränderung zu erreichen.

- ✔ *Ich wähle das Schöne im Leben zu sehen…*
- ✔ *Ich darf das!*
- ✔ *Ich bin auf dem besten Wege…*
- ✔ *Ich vertraue meinen Fähigkeiten…*
- ✔ *Ich darf mir Gutes tun…*

Übung

Ich-Management heisst : Wie gut führe ich mich selbst, wie gut übernehme ich Verantwortung für meine Lebensführung.

Aktion „Ich"

1.

2.

3.

1. Ich und Ich

Frage	🙂	😐	☹
Lebe ich im Einklang mit meinen Werten?			
Verfolge ich meine Ziele?			
Achte ich auf meine Gesundheit?			
Achte ich auf eine gesunde Ernährung?			
Bewege ich mich ausreichend?			
Sorge ich für Entspannung?			
Nehme ich mir Zeit für ein „Hobby"?			

Notizen

„Achte auf Deine Gedanken, sie sind der Anfang Deiner Taten." *Chinesisches Sprichwort*

2. Ich und Beruf

	🙂	😐	☹️
Habe ich eine Aufgabe, die zu mir passt?			
Bin ich mit meiner Karriereentwicklung zufrieden?			
Bin ich ausreichend qualifiziert?			
Habe ich eine gute Arbeitsorganisation?			
Erlebe ich am Arbeitsplatz auch Freundschaft?			
Werde ich ausreichend gelobt?			

Notizen

3. Ich und die Anderen | 🙂 | 😐 | ☹️ |

	🙂	😐	☹️
Ich pflege meine Partnerschaft			
Ich nehme mir ausreichend Zeit für meine Familie			
Die Beziehung zu Kollegen ist gut geklärt			
Meine Mitarbeiter oder Kollegen akzeptieren mich in meiner Position			
Ich habe ausreichend soziale Kontakte			
Ich bin in einem sozialen Netzwerk eingebettet			

Notizen

„99 TIPPS" FÜR DAS WOHLBEFINDEN

- Schenk Dir ein Lächeln
- Umarme einen lieben Menschen
- Mach mal Pause
- Tue Gutes
- Plane einen Urlaub
- Laufe barfuß auf einer grünen Wiese
- Hör Dein Lieblingslied
- Mach Dir einen Tee
- Schaue zehn Minuten in die Wolken
- Bring Deinen Körper in Schwung

Genieße den Augenblick

Nobody is perfect

Atme bewusst ein und aus

Genieße den Sonnenuntergang

Schenke Dir Zeit

Erlaube Dir ein „Nein"

Schau Dir Deinen Lieblingsfilm an

Lege eine Liste mit schönen Momenten an

Bedenke: Faulheit ist Medizin

Meine Tipps:

Übung 3–30–3

Das werde ich konkret umsetzen:

in 3 Tagen ...

in 30 Tagen ...

in 3 Monaten ...

Erwartungsmanagement

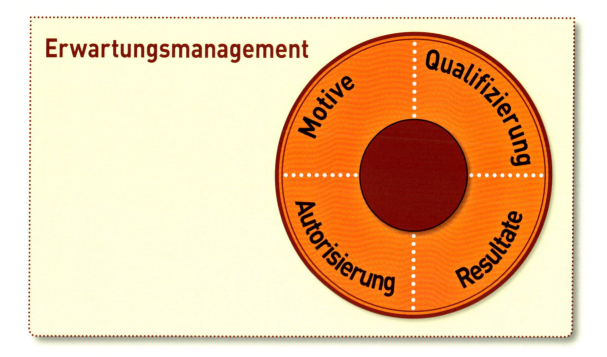

Übung: Vermeiden von Überforderung und Klären von Erwartungen

Überforderungssituationen entstehen häufig durch zu viele und oft auch falsche Aufgaben. Wir haben dann einfach „zu viele Hüte auf". Ursache dafür sind die vielfätigen Erwartungen, die an uns gestellt werden und uns oft nicht bewusst sind. Klären Sie die Erwartungen, die an Sie gestellt werden. Finden Sie heraus, was Sie wirklich „wollen", „können", „dürfen", bzw. „leisten" sollen. Positionieren Sie sich neu!

- ☐ *Was will ich?*
- ☐ *Was kann ich?*
- ☐ *Was darf ich?*
- ☐ *Was soll ich leisten?*

„Alles fließt." Heraklit

„Das Bessere ist der Feind des Guten." Joseph Schumpeter

„Nur wer sich verändert, bleibt sich treu." Wolf Biermann

*„Wenn ich immer das Gleiche tue,
bekomme ich auch immer das gleiche Ergebnis."* Albert Einstein

Psychologie der Veränderung

Menschen entwickeln durch das Erleben und Bewerten von Situationen Verhaltensmuster. Diese werden bei Belohnung verstärkt und bei negativen Erfahrungen, wenn möglich, vermieden. Bewusste, gezielte Veränderung erfordert das Zusammenspiel von Denken, Fühlen und Handeln. Da die Zukunft im Kopf beginnt, daher können positive Gedanken eine Quelle der Kraft sein. Bei der Verarbeitung negativer Erfahrungen und Erlebnisse stabilisieren die sieben Faktoren der Resilienz.

Verhaltensmuster (A+B=C)	54
Veränderungsszenario	55
Vom Denken, Fühlen und Handeln ...	57
Sieben Säulen der Resilienz	62

Verhaltensmuster (A+B=C)

A: *Auslösende*
B: *Bewertung*
C: *Konsequenz*

Verhaltensmuster sind stabil. Sie werden über lange Zeit geprägt und nach ganz individuellen Massstäben wieder bestärkt und verfestigt. Eine gewünschte Veränderung braucht viel Zeit. Zur Verstärkung braucht sie ein attraktives Ziel und einen attraktiven Weg! Impulse können ausgehen vom Denken, vom Empfinden oder durch das Tätigsein. Erst der reflektierte in sich geschlossene Regelkreis aus **Denken, Fühlen und Handeln** führt zu stabilen und nachhaltigen Veränderungen.

Beispiel:

*„Ich sollte mal wieder etwas für meinen Körper tun" (**Denken**). Ich setze den Gedanken um (**Handeln**). Dabei sollte ich sicherstellen, dass die gewählte Aktion zum Wohlbefinden beiträgt (**Fühlen**). Durch eine positive Bewertung wird dann als Konsequenz das richtige Verhalten bestärkt.*

„Der Kopf denkt, der Bauch lenkt."

Der gute Vorsatz bleibt so manches Mal im Ansatz stecken. Kennen Sie das? Was passiert dann? Wie sieht der Regelkreis aus Denken, Fühlen und Handeln aus?

Übung: Nennen Sie ein positives und ein negatives Beispiel.

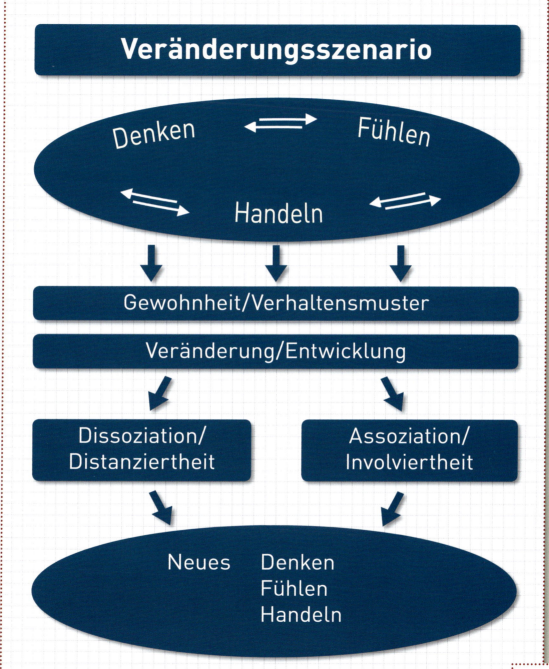

„Weil Denken die schwerste Arbeit ist, die es gibt, beschäftigen sich auch nur wenige damit." *Henry Ford, Unternehmer*

„Die größte Entscheidung Deines Lebens liegt darin, dass Du Dein Leben ändern kannst, indem Du Deine Geisteshaltung änderst." *Albert Schweitzer, Mediziner und Philosoph*

„Du bist heute das, was Du gestern gedacht hast." *Martin Luther, Theologe*

Denken

*„Nehme Dir jeden Tag
eine halbe Stunde für Deine Sorgen
und in dieser Zeit mache ein Schläfchen."* nach Laotse

Experiment

Gehen Sie in die Verantwortung und richten Sie Ihre Gedanken auf das, was Sie wirklich wollen! Denken Sie positiv! Nutzen Sie die Kraft Ihrer Gedanken! Denn: wie soll sich etwas „materialisieren", wenn Sie noch nicht mal eine Vorstellung davon haben?! Führen Sie sich selbst, indem Sie Ihre Gedanken bewusst auf die von Ihnen gewünschte Wirklichkeit ausrichten. Visualisieren Sie Ihre Vorstellung und verwenden Sie Aussagen, die Sie bei Ihrer Umsetzung stärken und unterstützen (Affirmation).

Probieren Sie folgendes: Sprechen Sie die Sätze laut vor sich hin.

- ✔ Ich bekomme ein Problem ...
- ✔ Ich habe ein Problem ...
- ✔ Ich hatte ein Problem ...
- ✔ Ich habe ein Problem gelöst ...

Achten Sie bei jedem dieser Sätze auf die Gefühle, die Sie wahrnehmen. Bewerten Sie diese Gefühle nicht. Erfühlen Sie das mit diesem Gedanken verbundene Gefühl. Wie fühlt sich der Gedanke an? Bleiben Sie mit voller Konzentration bei dem Gefühl. Was verändert sich?

Lebens- und Arbeitsbalance · Das Burn.on!-Seminar

„Ein Tag, an dem Du nicht lachst, ist ein verlorener Tag!" Charlie Chaplin

*„Der kürzeste Weg zwischen zwei Menschen
ist ein Lächeln."* Chinesisches Sprichwort

*„Glück ist das einzige,
das sich verdoppelt, wenn man es teilt."* Albert Schweitzer

Fühlen

„Wer nicht zuweilen zuviel empfindet, der empfindet immer zuwenig." nach Jean Paul

Übung

Entscheiden Sie selbst, an welche Gefühle Sie sich erinnern möchten. Sammeln Sie schöne Erlebnisse und arbeiten Sie daran, dass dieser Erinnerungsspeicher immer größer wird.

Da habe ich aber herzhaft gelacht ...

Das hat mich sehr gefreut ...

Das war ein schönes Erlebnis ...

An diesen Menschen denke ich gerne ...

Das war für mich ein großer Erfolg ...

*„Probleme sind Gelegenheiten, zu zeigen,
was man kann."* Duke Ellington

*„Auch eine schwere Tür
hat nur einen kleinen Schlüssel nötig."* Charles Dickens

*„Tue das, woran du glaubst,
und glaube an das, was du tust."* Unbekannter Verfasser

Handeln

*„Handle so, dass Du nicht bereuen musst, was Du getan hast.
Handle aber auch so, dass Du nicht bereuen musst, was Du nicht getan hast."*

Was ich schon immer einmal tun wollte ...

Was ich schon immer <u>nicht</u> mehr tun wollte ...

Resilienz – der entscheidende Faktor

„Nicht das, was wir erleben, sondern wie wir empfinden und was wir erleben,

7 Säulen der Resilienz

✔ *Optimismus*
✔ *Akzeptanz*
✔ *Lösungsorientierung*
✔ *Die Opferrolle verlassen*
✔ *Verantwortung übernehmen*
✔ *Netzwerkorientierung*
✔ *Zukunftsplanung*

So stärke ich meine Resilienz …

„Entfliehet, verschwindet, entweichet Ihr Sorgen …" Johann Sebastian Bach

1.

2.

3.

4.

5.

6.

7.

„Wenn Du es eilig hast, gehe langsam." *Chinesisches Sprichwort*

„Nicht in die ferne Zeit verliere dich!
Den Augenblick ergreife! Der ist dein." *Friedrich Schiller*

„Ich habe keine Zeit, mich zu beeilen." *Igor Strawinsky*

„Never let an open end on it." *Bart de Boer*

Arbeits- und Zeitmanagement

Es gibt nur eine Zeit. Daher ist der richtige Umgang mit dieser Ressource wichtig. Durch Selbstorganisation, Priorisierung und einen bewussten Umgang mit der Zeit lässt sich Zeit gewinnen. Nutzen Sie diese für die wirklich wichtigen Dinge im Leben.

Selbstzeit, Eigenzeit, Fremdzeit	67
Zeitdiebe	68
Energievampire	70
Selbstorganisation	72
5-S-Methode	73
SMART-Prinzip	73
Arbeitsorganisation und Zeitmanagement	74
Eisenhower-Prinzip	76
ABC-Analyse	77
Pareto-Prinzip	78
To-do-Liste	79

„Denke immer daran, dass es nur eine allerwichtigste Zeit gibt, nämlich: sofort!" Leo Tolstoi

„Nimm Dir Zeit, um zu träumen, es ist der Weg zu den Sternen." aus Irland

„Man sollte nicht Zeitvertreib, sondern Zeitgenuss sagen." Jean Paul

Zeit

„Drei Dinge kommen nicht wieder zurück und sind nicht zurückzuholen: Das gesprochene Wort, die vergangene Zeit und die verpaßte Gelegenheit."

Wofür wollte ich mir schon lange mal wieder bewusst Zeit nehmen?

Übung 1:
Beobachten Sie sich selbst und schreiben Sie auf, wie Sie an einem Tag Ihre Zeit verwenden.

Übung 2:
Teilen Sie Ihre Zeit in **„Selbstzeit"**, **„Eigenzeit"** und **„Fremdzeit"** auf. Die „Selbstzeit" ist die Zeit, die Sie ausschließlich für sich und Ihr Wohlbefinden einsetzen. Die „Eigenzeit" ist die Zeit, bei der wir selbst bestimmen können, wie wir diese und mit wem wir sie verbringen. Die „Fremdzeit" ist bestimmt durch nicht aufzuschiebende Verpflichtungen im Privaten wie im Beruf. Wie sieht Ihre persönliche Bilanz aus? Wo gibt es Ansätze für Verbesserungen?

Zeitdiebe

„Nicht die fehlende Zeit ist unser Problem, sondern die nicht gut genutzte Zeit, die uns später fehlt."

Zeitdiebe

„Zeitdiebe" können Personen oder Tätigkeiten sein. Sie stehlen mir im beruflichen und privaten Leben die wichtigste Ressource: Meine verfügbare Lebenszeit.

1. **Klassische** Zeitdiebe sind ...

- ✔ Mangelnde Kommunikation
- ✔ Telefonische Unterbrechungen
- ✔ E-Mail
- ✔ Unangemeldete Gespräche
- ✔ Fehlende Arbeitsorganisation
- ✔ Fernsehzeiten
- ✔ „Nicht–Nein-sagen" können

2. **Meine** Zeitdiebe sind ...

Notizen

Energievampire

Energievampire

Es gibt Situationen, nach denen fühlt man sich leer und ausgelaugt. Es bleibt ein ungutes Gefühl. Eigentlich braucht man das nicht wieder.

Identifizieren Sie drei Situationen und überdenken Sie, wie Sie diese vermeiden bzw. zukünftig bewältigen können.

1. Situation ...

2. Situation ...

3. Situation ...

Notizen

Selbstorganisation

Immer erreichbar und immer gesprächsbereit zu sein, ist mittlerweile für viele zur Normalität im beruflichen Alltag geworden. Mitarbeiter, die jederzeit und überall erreichbar sind, fehlt die Zeit für das konzentrierte Arbeiten, der Stresspegel steigt. Der Traum vom „Multitasking ist längst ausgeträumt". Befreien Sie sich von den elektronischen Fußfesseln und schalten Sie öfter mal ab!

„Nur Sklaven müssen immer erreichbar sein."

Blocken Sie, wann immer möglich, feste Zeiten für Telefonate, Mails und SMS. In den Blockzeiten können Sie ungestört und konzentriert arbeiten. Feste Zeiten haben sich für Telefonate und Mails bewährt. Das senkt deutlich den Stresspegel und wirkt sich auf die Qualität der Tätigkeit positiv aus. Prüfen Sie selbst, welche Zeiten für Sie besonders günstig sind.

Schalten Sie beim Telefonieren vom Passiv- in den Aktiv-Modus. Rufen Sie an, legen Sie, wenn möglich, den genauen Zeitpunkt und die Dauer für Ihre Gespräche fest. Für Routinegespräche sind Formulare und Checklisten schnell erstellt. Sie bringen Struktur ins Gespräch, sparen Zeit und helfen bei der Fokussierung auf das Wesentliche.

Dinge vor sich her zu schieben, kostet häufig mehr Zeit, als diese direkt zu erledigen. Vermeiden Sie die „Aufschieberitis", denn das Unerledigte häuft sich an und muss ständig neu priorisiert werden. Unangenehme Dinge zuerst zu tun, hat sich als sehr hilfreich erwiesen. Sie müssen diese nicht notieren, nicht delegieren und können sich danach konzentriert anderen Aufgaben widmen. Was erledigt ist, kann nicht mehr vergessen werden. Geben Sie sich einen Ruck. Wenn Sie das unangenehme Telefonat sofort erledigen, dann haben Sie den Rest des Tages ein gutes Gefühl im Bauch und den Kopf frei. Und nicht vergessen: Belohnen Sie sich für Ihre Glanzleistung!

Alles, was Sie in drei Minuten direkt erledigen können, erledigen Sie auch. Das gilt auch für Mails, Telefonate und kurze Terminabsprachen. Bitte fassen Sie sich kurz, denn:

„In der Kürze liegt die Würze."

Notieren Sie alle Aufgaben z. B. in das Notizbuch und tragen Sie diese in Ihren persönlichen Tagesplan oder „to-do-Liste" ein, legen Sie eine genaue Zeit dafür fest. Bei der Delegation von Aufgaben setzen Sie zusätzlich einen konkreten Abgabetermin. Nehmen Sie nur vollständig erledigte Aufgaben an und vermeiden Sie die Rückdelegation.

Erledigte Aufgaben streichen Sie durch, das hebt die Motivation, denn es macht deutlich, was Sie schon alles erledigt haben.

Jeden Vorgang so wenig wie möglich zur Hand nehmen. Entscheiden Sie, sobald Sie eine Aufgabe haben, ob Sie diese sofort selbst erledigen, sofort ablegen, sofort planen, sofort delegieren oder sofort „vergessen" können.

5-S-Methode

- ✔ sofort selbst erledigen
- ✔ sofort ablegen
- ✔ sofort planen
- ✔ sofort delegieren
- ✔ sofort entsorgen

Üben Sie die Delegation. Sie werden feststellen, dass Sie durch richtige Delegation viel Zeit gewinnen und Mitarbeiter fördern und entwickeln können.

Delegation nach dem SMART-Prinzip*

Spezifisch	(konkret und präzise)
Messbar	(überprüfbar)
Ausführbar	(erreichbar)
Realistisch	(erreichbar)
Terminierbar	(feste Zwischen- und Endtermine)

Harte Kost für Perfektionisten

- ✔ Nobody is perfect
- ✔ Mal fünfe gerade sein lassen ...
- ✔ Wer viel macht, macht auch Fehler ...
- ✔ Besser gut erledigt als perfekt aufgeschoben!
- ✔ Aus Fehlern kann man lernen!

Trost für Perfektionisten: Die eigenen Gütekriterien werden nicht immer gefordert. Eine gute Auftragsklärung über Ziele, den Zeitrahmen und über die zur Verfügung stehenden Ressourcen verhindert unnötige und zeitraubende Aktivitäten.

> *„Ideale sind wie Sterne, vielleicht kann man sie nie erreichen, aber man kann sich an ihnen orientieren."*

* **S**pecific **M**easurable **A**ccepted **R**ealistic **T**imely

Arbeitsorganisation und Zeitmanagement

„Nicht der Mangel an Zeit ist es, der uns zu schaffen macht, vielmehr liegt es daran, wie wir mit der Zeit umgehen."

Kennen Sie das? Das Telefon klingelt ständig, zwölf SMS auf dem Handy, im Posteingang 78 Mails, der Schreibtisch ist überhäuft, Besprechung in zwei Stunden und wo habe ich bloß die Telefonnummer vom letzten Gespräch notiert? Und da war doch noch die geniale Idee für das neue Projekt ...

Die eigene Arbeit in den Griff zu bekommen, Zeit für die wirklich wichtigen Dinge zu haben und den Arbeitsplatz mit einem guten Gefühl verlassen zu können, ist nicht nur für den klassischen Büroarbeiter ein oft lang gehegter Wunsch

„Auch eine lange Reise beginnt mit einem ersten Schritt."

Starten Sie mit dem ersten Schritt, stellen Sie Ihre Handlungen und Prozesse auf den Prüfstein und gewinnen Sie mehr Zeitsouveränität und Lebensfreude. Nehmen Sie sich nicht zu viel vor: Beginnen Sie mit einfachen Schritten und erarbeiten Sie nach und nach ihre individuellen Praxistipps heraus, die Sie in Ihrer Arbeit unterstützen. Dies sind kleine, aber wirksame Schritte, die Sie unterstützen, mehr Zeit für die Familie, Partner und Freunde zu finden.

Wir haben für Sie praktische Tipps zusammengestellt, die Ihre Arbeitsorganisation und Ihr Zeitmanagement optimieren. Falls Ihnen das eine oder andere bekannt vorkommt, probieren Sie es erneut aus: Werden sie vom Kenner zum Könner.

Hilfreiche Tipps für die Praxis

1. Eisenhower-Prinzip
2. ABC-Analyse
3. Pareto-Prinzip
4. Selbstorganisation

Notizen

Eisenhowerprinzip

"Das Zeitproblem ist gelöst, wenn wir zuerst die Fragen der Dringlichkeit und Wichtigkeit beantwortet haben."

Haben Sie das auch schon bemerkt? Häufig sind die dringenden Dinge gar nicht wichtig und die wichtigen Dinge nicht dringend. Das Eisenhowerprinzip ist eine einfache Matrix, wie Sie Aufgaben einschätzen und bewerten können. Priorisieren Sie zuerst die Aufgaben und dann entscheiden Sie, ob Sie es selbst machen, in welcher Reihenfolge Sie es machen oder ob Sie die Aufgaben delegieren können.

Eisenhowerprinzip		Dringlichkeit	
		dringend	nicht dringend
Wichtigkeit	wichtig	A	B
	nicht wichtig	C	D

A-Aufgaben werden sofort und selbst erledigt. **B-Aufgaben** werden direkt danach geplant und vorbereitet, **C-Aufgaben** sollten vermieden werden oder delegiert werden. Mit den **D-Aufgaben** (weder dringend noch wichtig) werden Sie keine Zeit mehr verschwenden (Ablage „P" wie Papierkorb).

Positive Effekte: Wichtiges und dringendes unterscheiden, Delegation, D-Aufgaben nicht mehr annehmen bzw. erledigen.

Dwight David Eisenhower (1890 – 1969), General und amerikanischer Präsident

ABC-Analyse – Prioritäten setzen

Die Erfahrung zeigt, dass die wirklich wichtigen Aufgaben (A) in der Regel nur einen Anteil von 15% an den Gesamtaufgaben haben. Durchschnittlich wichtige Aufgaben (B) machen 20% aus und die weniger wichtigen oder unwichtigen Aufgaben (C) haben in etwa einen Anteil von 65%. Gleichzeitig liefern die A-Aufgaben den größten Beitrag zur Effizienzsteigerung, die B-Aufgaben liefern noch einen guten Beitrag, während C-Aufgaben eher klassische Routineaufgaben sind.

Unterscheiden Sie die wichtigen von den weniger wichtigen Aufgaben. Nehmen Sie sich ausreichend Zeit für die wirklich wichtigen Aufgaben und ergänzen Sie die ABC-Analyse durch das Pareto-Prinzip.

Seien Sie bei den weniger wichtigen Aufgaben sparsam mit der Zeit, denn die unwichtigen erledigen sich manchmal von allein. Bitte nicht vergessen: Nehmen Sie sich die wichtigsten und zudem unangenehmen Einzelaufgaben als erstes vor.

Übung

1. Identifizieren Sie Ihre typischen A-, B- C- und D-Aufgaben.
2. Nennen Sie ein Beispiel für die Anwendung des Pareto-Prinzips.
3. Setzen Sie Ihre Prioritäten für die wirklich wichtigen Aufgaben.

Pareto-Prinzip – Die 80/20-Regel

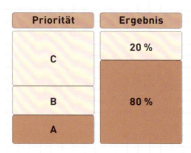

*„Weniger ist manchmal mehr –
20% des Einsatzes bringen 80% des Ergebnisses."*

Zeitmangel und Überforderung entstehen häufig, wenn ein Anspruch an Perfektion besteht. Pareto hat erkannt, dass bezogen auf die Aufgabenplanung, bereits 20% der Aufgaben, die wir erledigen müssen, 80% des gewünschten Ergebnisses erbringen.
Das Pareto-Prinzip geht auf den italienischen Volkswirtschaftler Vilfredo Pareto zurück. Gleichzeitig wird mit 20% des Aufwandes bereits 80% der erforderlichen Leistung abgedeckt. Aus diesem Grund ist es wichtig, genau die wichtigen Aufgaben herauszufinden (s. ABC-Analyse) und den richtigen Aufwand zu planen.

Untersuchen Sie Ihren beruflichen und privaten Lebensalltag nach den wirklich wirkungsvollen Elementen. Nehmen Sie sich sofort einzelne Aufgaben vor. Prüfen Sie, welcher Aufwand tatsächlich notwendig bzw. gefordert ist. Prüfen Sie, wie „perfekt" es wirklich sein muss. Bedenken Sie:

„Nobody is perfect"

Positive Effekte: Abschied vom Perfektionismus, Erwartungen klären und steuern, Konzentration auf das Wesentliche, Zeitgewinn.

Für die Erstellung einer guten To-Do-Liste ...

... sollten Sie sich jeden morgen zehn bis fünfzehn Minuten Zeit nehmen, um Ihre Tagesaufgaben möglichst konkret und genau zu formulieren. Achten Sie dabei darauf, die Liste nicht zu voll zu packen und für jede Aufgabe etwas mehr Zeit einzuplanen als nötig. Große Aufgaben können Sie in mehrere kleine Aufgaben aufteilen; so lassen sich schneller Erfolge verzeichnen. Aufgaben, die weniger als drei Minuten Zeit in Anspruch nehmen, werden sofort erledigt und nicht in die Liste eingetragen. Doch was fast noch am wichtigsten ist: Tragen Sie auch Aufgaben ein, die Ihnen Freude bereiten – und akzeptieren Sie, wenn eine To-Do-Liste auch einmal nicht vollständig bearbeitet werden kann!

Aufgabe	Wer	Was	Bis wann

Lebens- und Arbeitsbalance · Das Burn.on!-Seminar

„Auch ein Marsch von 1000 Meilen beginnt mit einem ersten Schritt." Laotse

„Mut zur Lücke" Unbekannter Verfasser

„Just do it." Nike

Erste Hilfe

Hier finden Sie die Erste Hilfe für einfache, kreative und aufmunternde Sofortmaßnahmen.

Mnsch ntspnn Dch!	82
Meine ganz persönliche Burn.on!-Idee	83
Rhabango – Glück auf Rezept	84

Mnsch ntspnn dch!

„s gbt nchts Gts, ssr mn tt s!" _{Erch Kstnr}

S wlln tws fr hr ntspnnng, Gsundht nd tws fr hr Bwgung tn? s sll nchts kstn, hn Vrknntnss mglch sn nd gt n dn lltg pssn? s drf s ncht nstrngn? S wllen s wrklch? S wlln 1e nfch Lsng? Hr st s:

Schnkn S sch Slbst Zt! Bchn S n Audnz b sch slbst! Ghn S jdn Tg drssg Mntn spzrn- alln nd hn Hndy & Co. Mchn S ds dr Wchn lng- jdn Tg. m Snntg n Bgltng zstzlch drssg Mntn.

Wchtg: Mssn S vr Bgnn dr bng hrn Rhpls nd jwls sptr hrn Blstngspls. Schrbn S dnch jwls hr Gdnkn, mpfndngn nd gtn Vrstz f. nfchr ght s ncht. Ls ght ´s und vl Spss!

hr brn.n –Tm!

Meine ganz persönliche Burn.on!-Idee ...

Lebens- und Arbeitsbalance · Das Burn.on!-Seminar

Rhabango - Glück auf Rezept

*„Rhabango macht mindestens dreimal glücklich:
beim selber Herstellen, beim selber Geniessen
und beim Verschenken"* Elvira Eden

Rhabarber-Banane-Mango-Marmelade

Zutaten
ca. 1400 g Rhabarber
2 – 3 reife Bananen (ca. 300 g)
1 große, reife Mango (ca. 300 g)
1 Pck. Zitronensäure
1000 g Gelierzucker 2 : 1

Hilfsmittel
Kochtopf, Pürierstab, Schälmesser,
Kochlöffel, Gläser mit Schraubdeckel
für mind. 2,4 l, Trichter oder Soßenlöffel

Vorbereitung
Rhabarber waschen, putzen (nicht abziehen), in etwa 1 cm große Stücke schneiden. Bananen schälen und in Scheiben schneiden. Mango schälen, das Fruchtfleisch vom Kern schneiden und in kleine Stücke schneiden. Die ganzen Früchte zusammen auf 2 kg abwiegen. Gläser mit Schraubdeckel kochend heiß ausspülen.

Zubereitung

Rhabarber, Banane, Mango, Zitronensäure in einem hohen Kochtopf gut verrühren. Alles unter Rühren bei niedriger Hitze zum Kochen bringen. Ist die Frucht weich gekocht, Topf vom Herd nehmen und alles mit einem Pürierstab pürieren. Gelierzucker zugeben und mind. 3 Min. unter ständigem Rühren sprudelnd kochen lassen. Topf vom Herd nehmen. Kochgut evtl. abschäumen, sofort randvoll in vorbereitete Gläser füllen. Mit Schraubdeckeln verschließen, umdrehen und etwa 5 Min. auf dem Deckel stehen lassen.

Tipps

Für eine Gelierprobe geben Sie 1 – 2 TL der heißen Fruchtmasse auf einen gekühlten Teller. Wird die Gelierprobe dicklich bzw. fest, so bekommt auch der Rest Ihrer Konfitüre genügend Festigkeit in den Gläsern. Wünschen Sie eine stärkere Festigkeit, rühren Sie mehr Zitronensäure unter die heiße Fruchtmasse und machen noch eine zweite Gelierprobe, ehe Sie die Konfitüre einfüllen. Sie können auch tiefgekühlten Rhabarber verwenden. Rhabarber auftauen lassen und den entstehenden Saft mitverwenden. Das Mengenverhältnis der Früchte ist je nach Vorliebe ganz variabel.

„Ich wurde trübselig, als ich an die Zukunft dachte. Und so liess ich es bleiben und ging Marmelade kochen. Es ist erstaunlich, wie es einen aufmuntert, wenn man Früchte zerschneidet, am warmen Herd steht und später den Fußboden schrubbt." nach D. H. Lawrence

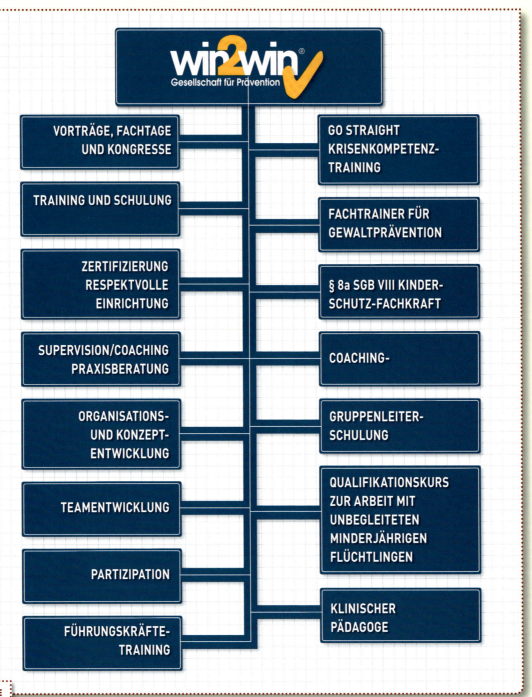

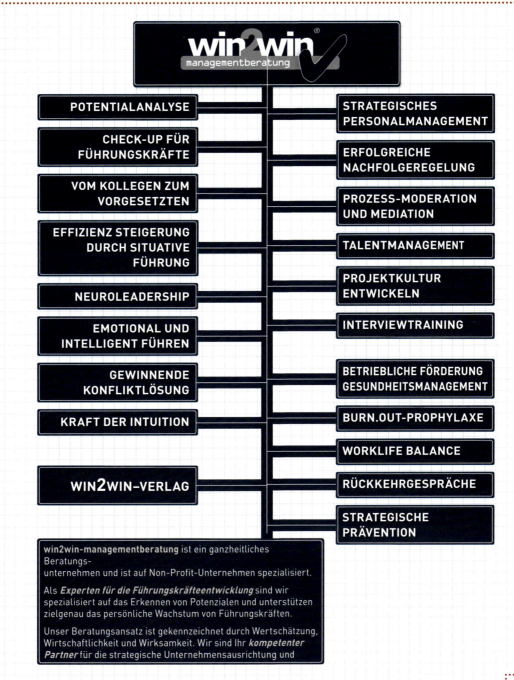

Lebens- und Arbeitsbalance · Das Burn.on!-Seminar

Notizen

Notizen

Notizen

Notizen

AUS UNSEREM VERLAGSPROGRAMM

Neetje Brandt, Markus Brück,
Anke Hoppe, Claudia Klein,
Nadine Lübke, Frauke Rademacher
Judith Steffen, Kurt Thüneman
**Deeskalations Organisations
Modell DOM**
212 farbige Seiten · Gebunden
€ 17,95 (D)
ISBN 978-3-941710-09-2

Anke Oltrop/Christoph Sczimarowski/
Kurt Thünemann/Wiebke Wollweber
**Jugendarbeit in der Gemeinde
Moormerland**
128 farbige Seiten · Gebunden
€ 12,95 (D)
ISBN 978-3-941710-17-7

Dr. Khalid Murafi
Frank Stöckler/Kurt Thünemann
Klinischer Pädagoge
ca. 160 farbige Seiten · Gebunden
ca. € 29,95 (D)
ISBN 978-3-941710-10-8

Neetje Brandt/Kurt Thünemann
Frank Stöckler
**Genogramm und Zeitstrahl
in der Sozialen Arbeit**
Ein Methodenhandbuch für die Praxis
80 farbige Seiten · Gebunden
€ 14,95 (D)
ISBN 978-3-941710-14-6

Mareike Dienst/Dr. Khalid Murafi
Frank Stöckler/Kurt Thünemann
Selbstverletzendes Verhalten
ca. 160 farbige Seiten · Gebunden
ca. € 24,95 (D)
ISBN 978-3-941710-19-1

Kurt Thünemann
Katrin Ratz
**Methodenhandbuch
zum Antigewalttraining**
112 Seiten · Gebunden
€ 13,95 (D)
ISBN 978-3-941710-03-0

Kurt Thünemann
Anja Stahlhut
Antke Schmidt
**Einschätzungsbögen zur
Kindeswohlgefährdung**
Aus der Praxis für die Praxis
Zweite aktualisierte Auflage
24 Seiten · € 7,50 (D)
ISBN 978-3-941710-07-8

Frank Stöckler/Kurt Thünemann
**Praxis- und Methodenhandbuch
zur Gewaltprävention.**
Die drei Säulen sind
Antigewalttraining,
Deeskalationstraining,
Implementierung
und Konzeptentwicklung
272 Seiten · Gebunden
€ 24,95 (D)
ISBN 978-3-941710-20-7

Dr. Karlheinz Keppler
Dr. Detlev Lauhöfer
Antke Schmidt
Kurt Thünemann
**Einschätzungsbögen –
Risikoeinschätzung
bei Schwangerschaft
und Neugeborenen**
28 Seiten · € 10,00 (D)
ISBN 978-3-941710-13-9

Frank Stöckler
Kurt Thünemann
**Burn.on!
Arbeitsbuch zur
Lebens- und
Arbeitsbalance**
96 farbige Seiten
Gebunden
€ 14,95 (D)
ISBN 978-3-941710-18-4

Ab einem Bestellwert von € 20,00 bezahlen Sie KEINE Versandkosten. Zu beziehen ü

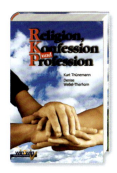

Kurt Thünemann
Denise Weßel-Therhorn
KrisenKompetenzTraining
go straight
128 Seiten · Gebunden
€ 14,95 (D)
ISBN 978-3-941710-00-9

Friedhelm Evermann
Kurt Thünemann
Gewaltprävention in der Kinder- und Jugendhilfe
96 farbige Seiten · Gebunden
€ 14,95 (D)
ISBN 978-3-941710-11-5

Kurt Thünemann
Denise Weßel-Therhorn
Religion, Konfession und Profession
84 Seiten · Gebunden
€ 12,95 (D)
ISBN 978-3-941710-01-6

Harald Teschner/Ekkehard König
Pädagogischer Leitfaden zum Umgang mit Suchtmittelkonsum in der Kinder- und Jugendhilfe
64 farbige Seiten · Gebunden
€ 14,95 (D)
ISBN 978-3-941710-08-5

Von der ER-Lebenswelt zum Geschichtenbuch
Herausgegeben von Damaris Freischlad und Kurt Thünemann
128 Seiten · Gebunden
€ 14,95 (D)
ISBN 978-3-941710-05-4

Kurt Thünemann
Carpe Diem
Genieße den Tag, denn der Abschied kommt
56 Seiten · Gebunden · € 14,95 (D)
ISBN 978-3-941710-06-1

Postkartenserien
Diese Postkarten sprechen Sinne und Emotionen von Menschen an. Sie dienen als Seminareinstieg, als Grußkarten oder einfach dazu, einem Menschen eine Freude zu bereiten.

Klappkarten Carpe Diem	(DIN lang)	6 Motive
win2win-Sinnsprüche 1	(DIN A6)	12 Motive
win2win-Sinnsprüche 2	(DIN A6)	12 Motive
win2win-Sinnsprüche 3	(DIN lang)	12 Motive
Postkarten für Respekt und gegen Gewalt	(DIN A6)	10 Motive

Jeweils in der Geschenkbox · € 7,50 (plus Versandkosten)

Kurt Thünemann/Frank Stöckler
Notizbuch
Mit praktischen Anregungen zur Arbeitsorganisation, Arbeitshilfen plus 184 karierte Seiten zum Beschreiben
192 Seiten · Gebunden · € 7,50 (D)

win2win-Verlag · Ellenbogen 23 · 26135 Oldenburg · www.win2win-verlag.de